Los Documentos Fundacionales Americanas en el Español

La Declaración de Independencia, La Constitución de los EE.UU., La Carta de Los Derechos

El Honorable Ricardo ‹Richard Charles› Carlos

Nominado para el Distrito 1 Congreso Representivo EE.UU.

Para la Elección General

Martes 04 de Noviembre 2014

Traducido por Google

Escrito El 4 de Marzo en 2014

Las Vegas, Nevada

Tabla de Los Contenidos

Administración Nacional de Archivos y Registros de Estados Unidos
www.archives.gov

I. La Declaración de la Independencia: Una Transcripción

EN EL CONGRESO, 4 de julio de 1776.

La Declaración unánime de los trece Estados unidos de América,

Cuando en el curso de los acontecimientos humanos se hace necesario para un pueblo disolver los vínculos políticos que lo han ligado a otro, y asumir entre los poderes de la tierra, el puesto separado e igual a que las leyes de la naturaleza y de la naturaleza del Dios le dan derecho, un justo respeto al juicio de la humanidad exige que declare las causas que lo impulsan a la separación.

Sostenemos que estas verdades son evidentes: que todos los hombres son creados iguales, que son dotados por su Creador con ciertos derechos inalienables, que entre éstos están la Vida, la Libertad y la búsqueda de la felicidad - . Que para asegurar estos derechos, los gobiernos se instituyen entre los hombres, derivando sus justos poderes del consentimiento de los gobernados, - que cuando quiera que una forma de gobierno se haga destructora de estos fines, es el derecho del pueblo a reformarla o abolirla e instituir un nuevo gobierno, por la que se funde en dichos principios, ya organizar sus poderes en la forma que a su juicio ofrecerá las mayores probabilidades de alcanzar su seguridad y felicidad. La prudencia, claro está, aconsejará que los gobiernos de antiguo establecidos no deben cambiarse para que la luz y las causas transitorias, y en efecto, toda la experiencia ha demostrado que la humanidad está más dispuesta a padecer, mientras los males sean tolerables, que a hacerse justicia aboliendo las formas a las que que están acostumbrados. Pero cuando una larga serie de abusos y usurpaciones, dirigida invariablemente al mismo objetivo, demuestra el designio de someter al pueblo a un despotismo absoluto, es su derecho, es su deber, derrocar ese gobierno y establecer nuevos resguardos para su futura seguridad. - tal ha sido el paciente sufrimiento de estas colonias; y tal es ahora la necesidad que las obliga a reformar su anterior sistema de gobierno. La historia del actual

Rey de la Gran Bretaña es una historia de repetidos agravios y usurpaciones, encaminados todos directamente hacia el establecimiento de una tiranía absoluta sobre estos estados. Para probar esto, sometemos los hechos a un mundo imparcial.

Se ha negado a aprobar las leyes, las más favorables y necesarias para el bien público.

Ha prohibido a sus gobernadores sancionar leyes de importancia inmediata y apremiante, a menos que su ejecución se suspenda hasta obtener su asentimiento, y una vez suspendidas se ha negado por completo a prestarles atención a ellos.

Se ha negado a aprobar otras leyes para la repartición de distritos de las personas, a menos que esos pueblos renuncien al derecho de representación en la Legislatura, un derecho inestimable para ellos y formidable sólo a los tiranos.

Ha convocado a los cuerpos legislativos en sitios desusados , incómodos y distantes del asiento de sus documentos públicos, con el único fin de molestarlos hasta cumplir con sus medidas.

Ha disuelto las Cámaras de Representantes en varias ocasiones, por oponerse con firmeza viril a sus intromisiones en los derechos del pueblo.

Se ha negado durante mucho tiempo, después de esas disoluciones, hacer que otros sean elegidos; mediante el cual los poderes legislativos, cuyo aniquilamiento es imposible, han retornado al pueblo, sin limitación para su ejercicio, el Estado permanecía tanto, expuesto a toda la peligros de una invasión exterior ya convulsiones internas.

Ha tratado de impedir que se pueblen estos Estados; para ese propósito, las Leyes de Naturalización de Extranjeros; rehusando aprobar otras para fomentar sus migraciones y elevando las condiciones para las nuevas apropiaciones de tierras.

Ha entorpecido la administración de justicia, al negarse a aprobar las leyes establecen los poderes judiciales.

Él ha hecho dependiente de los jueces solamente de su voluntad, para poder desempeñar sus cargos y en la cantidad y el pago de sus salarios.

Ha fundado una gran diversidad de oficinas nuevas, enviando a un enjambre de Funcionarios para hostigar a nuestro pueblo y menguan su sustento.

Ha mantenido entre nosotros, en tiempos de paz, ejércitos permanentes, sin el consentimiento de nuestras legislaturas.

Ha influido para que el militar independiente y superior al poder civil.

Él ha asociado con otros para someternos a una jurisdicción extranjera a nuestra constitución y no reconocida por nuestras leyes al otorgar su Sanción a sus Actos de pretendida Legislación:

Para Despiece grandes cuerpos de tropas armadas entre nosotros:

Para protegerlos, por medio de un juicio ficticio, del castigo por los asesinatos que pudiesen cometer entre los Habitantes de estos Estados:

Para suspender nuestro comercio con todas las partes del mundo:

Para imponernos impuestos sin nuestro consentimiento:

Para privarnos, en muchos casos, de los beneficios del juicio con jurado:

Para transportarnos más allá de los mares para ser juzgados por supuestos agravios

Para abolir el Sistema libre de Leyes Inglesas en una Provincia vecina, estableciendo en ella un gobierno arbitrario y extendiendo sus límites, con el objeto de dar un ejemplo y disponer de un instrumento adecuado para introducir el mismo gobierno absoluto en estas Colonias:

Para suprimir nuestras Cartas Constitutivas,

abolir nuestras leyes más valiosas y alterar en su esencia las formas de nuestros gobiernos:

Para suspender nuestras propias legislaturas y declararse investido con el poder de legislar por nosotros en todos los casos que sea.

Ha abdicado de su gobierno en estos territorios al declarar que estamos fuera de su protección y al emprender una guerra contra nosotros.

Ha saqueado nuestros mares, asolado nuestras costas, incendiado nuestras ciudades y destruido la vida de nuestro pueblo.

Al presente, está transportando grandes Ejércitos de Mercenarios extranjeros para completar la obra de muerte, desolación y tiranía, ya iniciada en circunstancias de crueldad y perfidia que apenas paralelo en las épocas más bárbaras, y por completo indignas del Jefe de una nación civilizada .

Ha obligado a nuestros conciudadanos hechos prisioneros en alta mar a llevar armas contra su país, convirtiéndolos así en los verdugos de sus amigos y hermanos, oa morir bajo sus manos.

Ha provocado insurrecciones intestinas entre nosotros y se ha esforzado por lanzar sobre los habitantes de nuestras fronteras a los inmisericordes indios salvajes, cuya conocida disposición para la guerra, es una destrucción indiscriminada de todas las edades, sexos y condiciones.

En cada etapa de estas opresiones, hemos pedido justicia en los términos más humildes: a nuestras repetidas peticiones se ha contestado solamente con repetidos agravios. Un príncipe cuyo carácter está así marcado por todos los actos que pueden definir a un tirano, no es apto para ser el gobernador de un pueblo libre.

Tampoco hemos dejado de dirigirnos a nuestros hermanos Brittish. Les hemos advertido de tiempo en tiempo de las tentativas de su poder legislativo para extender una jurisdicción injustificable. Les hemos recordado las circunstancias de nuestra emigración y radicación aquí. Hemos apelado a su innato sentido de justicia y magnanimidad, y los hemos conjurado, por los vínculos de nuestro parentesco, a repudiar esas usurpaciones, las cuales, interrumpirían inevitablemente nuestras relaciones y correspondencia. También ellos han sido sordos a la voz de la justicia y de la consanguinidad. Debemos, pues, convenir en la necesidad que anuncia nuestra separación y considerarlos, como consideramos a las demás colectividades humanas: enemigos en la guerra, en la paz, amigos.

Nosotros, por lo tanto, los Representantes de los Estados Unidos de América, en Congreso General, ensamblados, apelando al Juez Supremo del mundo por la rectitud de nuestras intenciones, en el nombre y por la autoridad del buen pueblo de estas Colonias, solemnemente publicamos y declaramos que estas Colonias Unidas son, y por derecho deben ser, Estados Libres e independientes; que están libres de toda lealtad a la Corona Británica, y que toda conexión política entre ellas y el Estado de Gran Bretaña, es y debe ser totalmente disuelta, y que como estados libres e independientes, tienen pleno poder para hacer la guerra, concertar la paz, concertar alianzas, establecer el comercio y efectuar los actos y providencias a que los estados independientes pueden por derecho efectuar. Y en apoyo de esta Declaración, con absoluta confianza en la protección de la Divina Providencia, empeñamos mutuamente nuestras vidas, nuestras fortunas y nuestro sagrado honor.

Las 56 firmas que figuran en la Declaración

aparecen en las posiciones indicadas :

Columna 1
Georgia:
  Button Gwinnett
  Lyman Pasillo
  George Walton

Columna 2
Carolina del Norte:
  William Hooper
  Joseph Hewes
  John Penn
Carolina del Sur:
  Edward Rutledge
  Thomas Heyward, Jr.
  Thomas Lynch, Jr.
  Arthur Middleton

Columna 3
Massachusetts:
John Hancock
Maryland:
Samuel de Chase
William Paca
Thomas Stone

Charles Carroll de Carrollton
Virginia:
George Wythe
Richard Henry Lee
Thomas Jefferson
Benjamin Harrison
Thomas Nelson, Jr.
Francis Lightfoot Lee
Carter Braxton

Columna 4
Pennsylvania:
  Robert Morris
  Benjamin Rush
  Benjamin Franklin
  John Morton
  George Clymer
  James Smith
  George Taylor
  James Wilson
  George Ross
Delaware:
  Caesar Rodney
  George Lee
  Thomas McKean

Columna 5

Nueva York:

  William Floyd

  Philip Livingston

  Francis Lewis

  Lewis Morris

Nueva Jersey:

  Richard Stockton

  John Witherspoon

  Francis Hopkinson

  John Hart

  Abraham Clark

Columna 6

New Hampshire:

  Josías Bartlett

  William Whipple

Massachusetts:

  Samuel Adams

  John Adams

  Robert Treat Paine

  Elbridge Gerry

Rhode Island:

  Stephen Hopkins

  William Ellery

Connecticut:

Roger Sherman
Samuel Huntington
William Williams
Oliver Wolcott
New Hampshire:
Mateo Thornton

Article II.

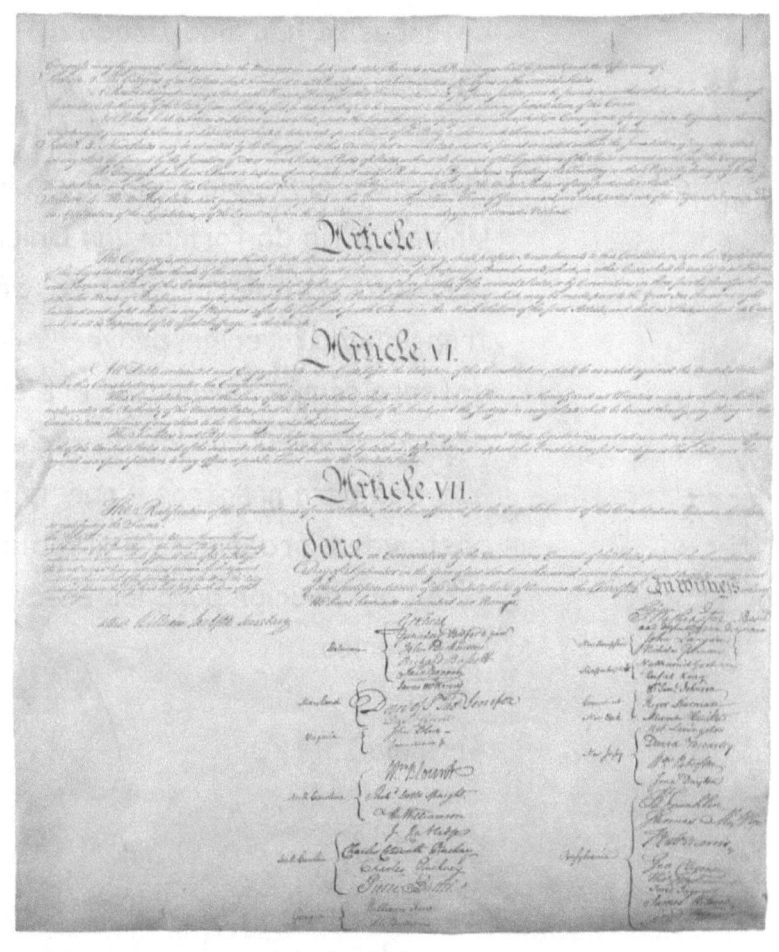

La Constitución de los Estados Unidos:
Una Transcripción

Nota: El texto que sigue es una
transcripción de la Constitución en su
forma original .
Los elementos que se enlaza desde

19

entonces se han modificado o
reemplazado .

Nosotros, el Pueblo de los Estados
Unidos, a fin de formar una Unión más
perfecta, establecer Justicia, afirmar la
tranquilidad interior, proveer a la
defensa común , promover el bienestar
general , y asegurar las bendiciones de la
libertad para nosotros y nuestra
posteridad, ordenamos y establecemos
esta Constitución para los Estados Unidos
de América.

Artículo I.

Sección 1.

Todos los poderes legislativos otorgados
en la presente Constitución
corresponderán a un Congreso de los
Estados Unidos, que se compondrá de un
Senado y una Cámara de Representantes.

Sección 2.

La Cámara de Representantes estará formada por miembros elegidos cada dos años por los habitantes de los diversos Estados, y los electores de cada Estado deberán poseer las calificaciones requeridas para los electores de la rama más numerosa de la Legislatura del Estado.

Ninguna persona será un representante que no haya cumplido la edad de veinticinco años, y ha sido siete años ciudadano de los Estados Unidos, y que no podrá, cuando sea elegido, sea habitante del Estado en el cual fue designado.

Representantes y los impuestos directos se prorratearán entre los distintos Estados que formen parte de esta Unión, de acuerdo con su población respectiva, la cual se determinará sumando al número total de personas libres, inclusive las obligadas a prestar servicios durante cierto término de años, y excluyendo a los indios no gravados, tres quintas partes de todas las personas restantes . El recuento deberá hacerse dentro de los tres años después de la primera sesión del Congreso de los Estados Unidos y en lo sucesivo cada diez años, de tal forma que dicho cuerpo por medio de una ley. El número de representantes no excederá de uno por cada treinta mil, pero cada Estado cuente con un representante cuando menos, y hasta que se efectúe dicho recuento, el Estado de Nueva Hampshire tendrá derecho a elegir tres; Massachusetts ocho, Rhode Island y plantaciones de Providence, Connecticut cinco, Nueva York seis, Nueva Jersey cuatro, ocho Pennsylvania, Delaware uno, Maryland seis, diez Virginia , Carolina del Norte cinco, Carolina del Sur y cinco, y Georgia tres.

Cuando ocurran vacantes en la representación de cualquier Estado, la autoridad ejecutiva de éste emitirá Mandamientos de Elección para llenar esas vacantes.

La Cámara de Representantes elegirá a su

Presidente y demás funcionarios, y será el único poder de la Acusación.

Sección . 3 .

El Senado de los Estados Unidos se compondrá de dos Senadores por cada Estado, elegidos por la Asamblea Legislativa del mismo por seis años, y cada Senador dispondrá de un voto.

Tan pronto como se reúnan a Consecuencia de la primera Elección, se los dividirá en la forma más equitativa posible en tres Clases. Los asientos de los senadores de la primera Clase quedarán vacantes en la expiración del segundo año, del segundo grupo, al concluir el cuarto año, y del tercer grupo, al concluir el sexto año, de manera que un tercio de mayo ser elegidos cada dos años, y si ocurren vacantes, por renuncia u otra causa, durante el receso de la legislatura de algún Estado, el Ejecutivo de éste podrá hacer designaciones provisionales hasta la próxima Reunión de la legislatura, la que procederá a cubrir dichas vacantes.

Ninguna persona podrá ser un senador que no haya cumplido la edad de treinta años, y ha sido nueve años ciudadano de los Estados Unidos, y que no podrá, cuando sea elegido, sea habitante del Estado por el cual fue designado.

El Vice Presidente de los Estados Unidos será Presidente del Senado, pero no tendrá voto sino en caso de empate.

El Senado elegirá a sus demás funcionarios, así como un presidente pro tempore, en ausencia del Vicepresidente o cuando éste se halle desempeñando el cargo de Presidente de los Estados Unidos.

El Senado poseerá derecho exclusivo de juzgar sobre todas las acusaciones. Cuando se reúna con este objeto, sus miembros deberán prestar un juramento o protesta. Cuando el Presidente de los

Estados Unidos se intentó, el Juez Presidente deberá presidir Y a ninguna persona se le condenará si no concurre el voto de dos tercios de los miembros presentes.

Juicio en los casos de acusación no se extenderá más allá de la destitución del Cargo y la inhabilitación para ocupar y disfrutar cualquier empleo honorífico, de confianza o remunerado, de los Estados Unidos: pero el individuo condenado, sin embargo, será responsable y quedará sujeta a acusación, Juicio, Juicio y castigo, de acuerdo a ley.

Sección 4.

The Times, épocas y modo de celebrar las elecciones para senadores y representantes se prescribirán en cada Estado por la legislatura respectiva pero el Congreso podrá en cualquier momento por la Ley hacer o alterar las reglas, excepto en cuanto a los lugares de elección de los senadores.

El Congreso se reunirá al menos una vez en cada año, y esta reunión será el primer lunes de diciembre, a no ser que por ley se fije otro día.

Sección 5.

Cada Cámara calificará las elecciones, escrutinios y la capacidad de sus propios miembros, y una mayoría de cada una constituirá el quórum necesario para deliberar, pero un número menor puede suspender las sesiones de un día para otro y estará autorizado para compeler la asistencia Los miembros de la ausencia, en la forma y bajo las penas como cada Cámara.

Cada Cámara puede elaborar su reglamento interior, castigar a sus miembros por conducta desordenada, y con el asentimiento de las dos terceras partes, expulsar a un miembro.

Cada Cámara llevará un diario de sus

sesiones, y de vez en cuando publicar el mismo, a excepción de las partes como las que a su juicio exijan reserva, y los votos afirmativos y negativos de sus miembros con respecto a cualquier cuestión deberá, en el deseo de una quinta parte de los presentes, se asentarán en el diario.

Ninguna de las Cámaras, durante la sesión del Congreso, podrá, sin el consentimiento de la otra, suspender sus sesiones por más de tres días ni acordar que se celebrarán en lugar diverso de aquel en que las dos Cámaras tengan su asiento.

Sección 6.

Los Senadores y Representantes recibirán una compensación por sus servicios, que será fijada por la ley y pagada por el Tesoro de los Estados Unidos . Deberán, en todos los casos, excepto traición, delito grave y perturbación del orden, gozarán del privilegio de no ser arrestados durante su asistencia a las sesiones de sus respectivas Cámaras, así como al ir a ellas o regresar de las mismas, y para cualquier discusión o debate en una de las Cámaras, no podrán ser interrogados en cualquier otro lugar.

A ningún senador ni representante se le nombrará, durante el tiempo por el cual haya sido elegido, para ocupar cualquier empleo civil que dependa la autoridad de los Estados Unidos, que haya sido creado o cuyos emolumentos hayan sido acrecentados durante dicho tiempo, y ninguna persona ocupe un cargo de los Estados Unidos, deberá ser un miembro de las Cámaras mientras continúe en funciones.

Sección 7.

Todos los proyectos de ley para obtener rentas se originará en la Cámara de Representantes, pero el Senado podrá proponer reformas o convenir en tratándose de otros proyectos.

Todo proyecto aprobado por la Cámara de Representantes y el Senado, deberá, antes de que se convierta en ley, se presentará al Presidente de los Estados Unidos: si lo aprobare lo firmará; en caso contrario lo devolverá, junto con su Objeciones a la Cámara de su origen, la que insertará integras las objeciones en su diario y procederá a reconsiderarlo. Si después de dicho nuevo exámen las dos terceras partes de esa Cámara se pondrán de acuerdo en aprobar el proyecto, se remitirá, acompañado de las objeciones, a la otra Cámara, por la cual será estudiado también nuevamente y, si es aprobada por dos terceras partes de dicha Cámara, se convertirá en ley. Pero en todos estos casos, la votación de ambas Cámaras será nominal y los votos, y los nombres de las personas que voten en pro y en contra del proyecto se asentarán en el Diario de la Cámara que corresponda. Si algún proyecto no fuera devuelto por el Presidente dentro de los diez días (exceptuando los domingos) después de que se haya presentado ante él, éste se convertirá en ley, de igual manera que si lo hubiera firmado, a menos que el Congreso sus Aplazamiento prevenir su devolución, en cuyo caso no será ley.

Toda orden, resolución o votación para la cual la concurrencia del Senado y de la Cámara de Representantes puede ser necesario (salvo en materia de Clausura), se presentarán al Presidente de los Estados Unidos, y antes de que el no tendrá efecto, serán aprobado por él, o de ser desaprobada por él, será nuevamente por dos tercios del Senado y de la Cámara de Representantes, de acuerdo con las reglas y limitaciones prescritas en el caso de un proyecto de ley.

Sección 8.

El Congreso tendrá facultades para establecer y recaudar impuestos, derechos, impuestos y consumos, para pagar las deudas y proveer a la defensa

común y bienestar general de los Estados
Unidos , pero todos los derechos,
impuestos y consumos serán uniformes en
todo Estados Unidos;

Pedir dinero prestado sobre el crédito de
los Estados Unidos;

Para reglamentar el comercio con las
naciones extranjeras, entre los
diferentes Estados y con las tribus
Indias;

Para establecer un régimen uniforme de
naturalización y leyes uniformes en
materia de quiebra en todos los Estados
Unidos;

Para acuñar monedas y determinar su
valor, y el de la moneda extranjera, y
fijar la Norma de Pesos y Medidas;

Para disponer las Sanciones de quienes
falsifiquen los títulos y la moneda
corriente de los Estados Unidos;

Para establecer oficinas de correos y caminos de posta;

Promover el progreso de la ciencia y útiles Artes, asegurando por un tiempo limitado a los autores e inventores el derecho exclusivo sobre sus respectivos escritos y descubrimientos;

Para crear tribunales inferiores a la Corte Suprema;

Para definir y castigar la piratería y otros delitos graves cometidos en alta mar, y delitos contra el derecho de gentes;

Declarar la guerra, otorgar patentes de corso y represalias y para dictar reglas con relación a las presas de tierra y el agua;

Para reclutar y sostener ejércitos, pero ninguna autorización presupuestaria de fondos que tengan ese destino será por un plazo superior a dos años;

Para habilitar y mantener una armada;

Para dictar reglas para el gobierno y ordenanza de las fuerzas terrestres y navales;

Para disponer cuando debe convocarse a la Milicia de ejecutar las leyes de la Unión, sofocar insurrecciones y repeler invasiones;

Para proceder a organizar, armar y disciplinar a la Milicia y para gobernar aquella parte de esta que se puede emplear en el servicio de los Estados Unidos , reservando a los Estados correspondientes el Nombramiento de los Oficiales, y la Autoridad de la formación del Milicia de acuerdo a la disciplina prescrita por el Congreso;

Para legislar forma exclusiva en todo lo referente al Distrito (que no exceda de diez millas cuadradas) que, por Cesión de los Estados particulares, y la aceptación del Congreso, convertido en la Sede del Gobierno de los Estados Unidos, y para ejercer la misma Autoridad sobre todos los Lugares Adquiridos con el Consentimiento de la Legislatura del Estado en la que éste será, para la construcción de fuertes, almacenes, arsenales , muelle -Yards y otros edificios necesarios ; - y

Para todas las leyes que sean necesarias y convenientes para llevar a efecto los poderes anteriores y todos los demás poderes conferidos por esta Constitución al Gobierno de los Estados Unidos o cualquiera de sus departamentos o funcionarios.

Sección 9.

La inmigración o importación de las personas que cualquiera de los Estados ahora existentes estime oportuno admitir, no deben ser prohibidas por el Congreso antes del mil ochocientos novecientos ocho, pero un impuesto o de la tasa se puede imponer sobre dicha importación, que no exceda de diez dólares por cada persona.

El privilegio del habeas corpus no se suspenderá, salvo cuando en casos de rebelión o invasión la seguridad pública lo exija.

Se dictará No decretos de proscripción ni ex post facto ley.

No capitación u otro impuesto directo se establecerán, como no sea proporcionalmente al censo o recuento que antes se ordeno practicar.

Ningún impuesto o derecho se establecerá sobre los artículos que se exporten de cualquier Estado.

No Se dará preferencia a cualquier reglamento de mercantil o fiscal los puertos de un Estado sobre los de otro, ni se los buques con destino a, o desde, un Estado, está obligado a introducir, borrar o paguen Derechos en otro.

Ninguna cantidad podrá extraerse del tesoro, no es como consecuencia de asignaciones autorizadas por la ley, y un estado y cuenta ordenados de los ingresos y gastos del tesoro público se publicará de tiempo en tiempo.

Ningún título de nobleza será concedida por los Estados Unidos; y ninguna persona que ocupe un empleo remunerado u honorífico que dependa de ellos, podrá, sin el consentimiento del Congreso, aceptar de ningún regalo, emolumento, empleo o título, sea cual fuere su naturaleza, de cualquier rey, príncipe o estado extranjero.

Sección 10.

Ningún Estado celebrará tratado, alianza o confederación algunos; conceder patentes de corso y represalias; acuñara moneda, emitirá letras de crédito, hacer cualquier cosa, pero el oro y la plata de la moneda como medio de pago de las deudas; aprobar decretos por los que, ex Publicación de la Ley facto, o Ley que menoscabe la Obligatoriedad de contratos, ni concederá título alguno de nobleza.

Ningún Estado podrá, sin el consentimiento del Congreso, fijar Impuestos o tasas de importación o exportación, salvo lo que puede ser que sea absolutamente necesario para la ejecución de sus leyes de inspección, y el producto neto de todos los derechos e impuestos que establezcan los Estados sobre las importaciones o las exportaciones, serán para el Uso de la Tesorería de los Estados Unidos, y todas esas Leyes quedarán sujetas a la revisión y vigilancia del Congreso.

Ningún Estado podrá, sin el consentimiento del Congreso, fijar Derecho de Tonelaje, mantener tropas o navíos de guerra en tiempo de paz, celebrar convenio o pacto alguno con otro

Estado o con una potencia extranjera, o hacer la guerra, a menos que de hecho invadido o de hallarse en peligro tan inminente que no admita demora.

Artículo II.

Sección 1.

El poder ejecutivo residirá en el Presidente de los Estados Unidos de América. Desempeñará su encargo durante un término de cuatro años, y, junto con el Vicepresidente designado para el mismo período, será elegido como sigue:

Cada Estado nombrará, del modo que su legislatura disponga, un número de electores igual al número total de Senadores y Representantes a que el Estado tenga derecho en el Congreso: pero ningún senador, ni representante, ni persona que ocupe un empleo honorífico o remunerado de los Estado Unidos podrá ser designado como elector.

Los electores se reunirán en sus respectivos Estados y votarán mediante cedulas para dos personas, de las cuales, cuando menos, no deberá ser habitante del mismo Estado que ellos. Harán una lista de todas las personas que votaron a favor, y del número de votos para cada una, la cual firmarán y certificarán y remitirán sellada a la Sede del Gobierno de los Estados Unidos, dirigida al Presidente de la Senado. El Presidente del Senado, en presencia del Senado y de la Cámara de Representantes, abrirá todos los certificados, y los votos serán entonces contados. La persona que obtenga el mayor número de votos será el Presidente, si dicho número represente la mayoría de todos los electores nombrados, y si hay más de uno que obtiene tal Mayoría y recibe el mismo Número de Votos, entonces la Cámara de Representantes elegirá de inmediato por Boleta uno de ellos para el Presidente, y si ninguna persona tuviere mayoría entonces los cinco más altos en la lista de la referida Cámara elegirá de la misma Manera al Presidente. Pero en la elección del Presidente, las votaciones se efectuarán por los Estados, la representación de cada Estado gozará de un voto; El quórum para tal efecto estará compuesto por un miembro o miembros de las dos terceras partes de los Estados, y la mayoría de todos los Estados deberán ser necesario a Decidir. En todos los casos, después de la elección del Presidente, la persona que obtenga el mayor número de votos de los Electores será el Vicepresidente. Pero si quedaren dos o más con el mismo número de votos, el Senado elegirá de ellos por voto del VicePresidente.

El Congreso podrá fijar la época de designación de los electores, y el día en que deberán emitir sus votos, el cual deberá ser el mismo en los Estados Unidos.

Nadie que no sea un ciudadano por nacimiento o ciudadano de los Estados

Unidos, en el momento de la adopción de esta Constitución, sólo podrán acogerse a la Oficina del Presidente, ni ninguna persona será elegible para ese Cargo quien no haya cumplido la era de treinta y cinco años, y ha estado catorce años residente en los Estados Unidos.

En Caso de Destitución del Presidente de la Oficina, o de su muerte, renuncia o incapacidad para desempeñar los poderes y deberes del referido cargo, éste será ocupado por el VicePresidente y el Congreso podrá preveer mediante una ley el Caso de destitución, muerte, dimisión o incapacidad, tanto del Presidente y el VicePresidente, que contaban cuán Oficial entonces actuará como Presidente, y como oficial deberá actuar en consecuencia, hasta que la Incapacidad, o un Presidente será elegido.

El Presidente, en periodos fijos, recibirán por sus servicios una compensación, la cual no podrá ser aumentada ni disminuida durante el período para el cual haya sido designado y no podrá recibir durante ese tiempo ningún otro emolumento de los Estados Unidos, o cualquiera de ellos.

Antes de entrar a desempeñar su cargo prestará el siguiente juramento o promesa: - " Juro solemnemente (o afirmo) que desempeñaré fielmente el cargo de Presidente de los Estados Unidos, y en ello el máximo de mi capacidad, preservar, proteger y defender la Constitución de los Estados Unidos ".

Sección 2.

El Presidente será comandante en jefe del Ejército y la Armada de los Estados Unidos, y de la milicia de los diversos Estados cuando se la llame al servicio activo de los Estados Unidos, sino que podrá solicitar la opinión por escrito del funcionario principal en cada uno de los departamentos administrativos con cualquier tema relacionado con los deberes de sus respectivos empleos, y estará facultado para conceder indultos y perdones de Delitos contra los Estados Unidos, excepto en los casos de acusación.

Tendrá Facultad, por y con el consejo y consentimiento del Senado, para celebrar tratados, con tal de dos tercios de los senadores presentes, y se propondrá y por y con el consejo y consentimiento del Senado, nombrará a los embajadores, otros ministros públicos y cónsules, jueces del Tribunal supremo y todos los demás funcionarios de los Estados Unidos a cuya designación no son en el presente documento se disponga lo contrario, y que será establecido por la Ley: pero el Congreso podrá por ley atribuir el nombramiento de tales inferior los oficiales, que considere convenientes, sólo en el Presidente, en los Tribunales de Justicia, o en los jefes de los departamentos.

El Presidente tendrá el derecho de cubrir todas las vacantes que ocurran durante el receso del Senado, extendiendo nombramientos provisionales que terminarán al final del siguiente período de sesiones.

Sección 3.

Él de vez en cuando dar al Congreso informes sobre el Estado de la Unión, recomendando a su consideración las medidas que estime necesarias y oportunas; que en ocasiones de carácter extraordinario podrá convocar a ambas Cámaras o a cualquiera de ellas, y en caso de desacuerdo entre ellos, con respecto a los tiempos del Clausura, que puede suspender las sesiones que el momento en que lo juzgue conveniente, sino que recibirá a los embajadores y otros ministros públicos ; también velará por que las leyes sean fielmente ejecutadas, y deberá Nombramientos de todos los funcionarios de los Estados Unidos.

Sección 4.

El Presidente, el VicePresidente y todos los funcionarios civiles de los Estados Unidos serán separados de sus puestos al ser acusados y declarados culpables de traición, cohecho u otros delitos y faltas graves.

Artículo III.

Sección 1.

El poder judicial de los Estados Unidos residirá en un Tribunal Supremo y en los tribunales inferiores que el Congreso haya dispuesto de tiempo en tiempo instituya y establezca. Los jueces, tanto del Tribunal Supremo como de los inferiores, continuarán en sus funciones mientras observen buena conducta y recibirán en periodos fijos, recibirán por sus servicios una remuneración que no podrá ser disminuida durante su encargo.

Sección 2.

El Poder Judicial entenderá en todas las

controversias, tanto de derecho como de equidad, que surjan de esta Constitución, las leyes de los Estados Unidos y de los tratados celebrados o que se celebren bajo su autoridad; - a todos los casos relativos a embajadores, otros organismos públicos Ministros y Cónsules; - en todas las controversias de la jurisdicción de almirantazgo y marítima; - las controversias en que los Estados Unidos sean parte, - a las Controversias entre dos o más Estados; - entre un Estado y los ciudadanos de otro Estado, - entre ciudadanos de Estados diferentes, - entre ciudadanos del mismo Estado que reclamen tierras en virtud de concesiones de diferentes Estados y entre un Estado o los ciudadanos del mismo y Estados extranjeros, ciudadanos o súbditos.

En todos los casos relativos a embajadores, otros ministros públicos y cónsules, y aquellos en los que un Estado sea parte, el Tribunal Supremo tendrá jurisdicción en única instancia. En todos los demás casos que antes se mencionaron el Tribunal Supremo conocerá en apelación, tanto del derecho como de hechos, con las excepciones y con arreglo a la reglamentación que formule el Congreso.

El juicio de los Crímenes , excepto en los casos de acusación, será por el Jurado, y el juicio se celebrará en el Estado donde se haya cometido dichos crímenes; pero cuando no se haya cometido dentro de cualquier Estado, el juicio se celebrará en el lugar o lugares que el Congreso haya dispuesto por medio de una ley.

Sección 3.

La traición contra los Estados Unidos consistirá únicamente en hacer la guerra en su contra o en unirse a sus enemigos, impartiéndoles ayuda y protección. A ninguna persona se le condenará por traición si no es en el testimonio de dos testigos del mismo acto perpetrado abiertamente o de una confesión en sesión pública.

El Congreso tendrá facultad para fijar la pena por traición; pero ninguna de Traición no implicará la Corrupción de la Sangre, o decomiso excepto durante la vida de la persona condenada.

Artículo IV.

Sección 1.

Entera fe y crédito se harán en cada Estado a los actos públicos, registros y procedimientos judiciales de todos los demás. Y el Congreso podrá prescribir, mediante leyes generales, la forma en la que se acreditará dichos actos, registros y procedimientos, y el efecto de los mismos.

Sección 2.

Los ciudadanos de cada Estado tendrán derecho a todos los privilegios e inmunidades de los ciudadanos de estos Estados.

Una persona acusada en cualquier Estado por traición, delito grave u otro crimen, que huya de la justicia y fuere hallada en otro Estado, será bajo demanda de la autoridad ejecutiva del Estado del que se haya fugado, entregado, que se retira para el Estado que tiene jurisdicción sobre el delito.

Las personas obligadas a servir o laborar en un Estado, en virtud de las Leyes de los mismos, que escapan a otro, deberá, a consecuencia de cualesquiera leyes o reglamentos, se descargará de tal servicio o trabajo, sino que serán entregadas al reclamarlo la parte interesada a quien tal servicio o trabajo pueden deberse.

Sección 3.

Los nuevos Estados puede ser admitido por el Congreso a la Unión, pero se podrá formarse o erigirse ningún nuevo Estado dentro de la jurisdicción de cualquier otro Estado, ni un Estado constituirse mediante la reunión de dos o más Estados o partes de Estados, sin el el consentimiento de las legislaturas de los Estados en cuestión, así como del Congreso.

El Congreso tendrá facultad para disponer y hacer todas las reglas y regulaciones respecto a las tierras y otros bienes que pertenezcan a los Estados Unidos que sean precisos, y nada en esta Constitución contiene se interpretarán en perjuicio de los derechos aducidos por los Estados Unidos, o de cualquier particular, Estado.

Sección 4.

Los Estados Unidos garantizarán a todo Estado comprendido en esta Unión una forma republicana de gobierno y protegerán a cada uno en contra de invasiones, y en aplicación de la Legislatura o el Ejecutivo (cuando la Legislatura no puede ser convocada), contra la violencia doméstica.

Artículo V.

El Congreso, siempre que dos terceras partes de ambas Cámaras lo juzguen necesario, propondrá enmiendas a esta Constitución, o bien, a petición de las Asambleas Legislativas de las dos terceras partes de los distintos Estados, convocará una Convención para proponer, que, en cualquier caso, será válido a todos los efectos, como parte de esta Constitución, cuando sea ratificado por las legislaturas de tres cuartas partes de los diversos Estados, o mediante convenios en las tres cuartas partes de los mismos, ya que el uno o el otro modo de ratificación podrá proponer el Congreso; sin embargo, ninguna enmienda que pueda hacerse antes del año de mil ochocientos ocho no será en cualquier forma las cláusulas primera y cuarta de la sección novena del artículo primero y de que ningún Estado, sin su consentimiento, ser privado de su igualdad de voto en el

Senado.

Artículo VI.

Todas las deudas contraídas y los compromisos adquiridos antes de la adopción de esta Constitución serán tan válidos en contra de los Estados Unidos bajo esta Constitución, como bajo la Confederación.

Esta Constitución, y las Leyes de los Estados Unidos que se expidan con arreglo a ella, y todos los tratados celebrados o que se celebren bajo la autoridad de los Estados Unidos, serán la suprema ley del país y los jueces de cada Estado estará obligado por ella, cualquier cosa en la Constitución o las leyes de cualquier Estado a la Contrariamente a pesar.

Los Senadores y representantes ya mencionados, los miembros de las distintas legislaturas locales y todos los funcionarios ejecutivos y judiciales, tanto de Estados Unidos como de los diversos Estados, se obligarán mediante juramento o protesta a sostener esta Constitución; pero no religioso Prueba nunca se exigirá como condición para ocupar ningún empleo o mandato público de los Estados Unidos.

Artículo VII.

La ratificación de los Convenios de nueve Estados, deberá ser suficiente para el establecimiento de esta Constitución entre los Estados que la ratifiquen.

La Palabra "el" está intercalada entre los Renglones séptimo y octavo de la primera página, la Palabra "Treinta" aparece escrita en parte en un Tachadura en el decimoquinto Renglón de la primera página, las palabras "se pretende" están intercalada entre la treinta segundos y el trigésimo tercer Renglones de la primera página y la palabra "la" está intercalada entre los 43 o y el cuadragésimo cuarto Renglones de la segunda página.

Attest William Secretario Jackson

Dado en la convención , por
consentimiento unánime de los Estados
presentes, el día diecisiete de
septiembre del año de Nuestro Señor de
mil setecientos ochenta y siete y de la
Independencia de los Estados Unidos de
América el testimonio de Reyes En lo cual
hemos suscrito nuestros nombres
suscribo la presente,

T°. Washington
Presidt y diputado por Virginia

Delaware
Geo: Leer
Gunning Bedford junio
John Dickinson
Richard Bassett
Jaco: Escoba

Maryland
James McHenry
Dan de St Thos. Jenifer
Danl. Carroll

Virginia
John Blair
James Madison Jr.

Carolina del Norte
Wm. Blount
Richd. Dobbs Spaight
Hu Williamson

Carolina del Sur
J. Rutledge
Charles Pinckney Cotesworth
Charles Pinckney
Pierce mayordomo

Georgia
William Few
Abr Baldwin

New Hampshire
John Langdon
Nicholas Gilman

Massachusetts
Nathaniel Gorham

Rufus King

Connecticut
Wm . Saml . Johnson
Roger Sherman

Nueva York
Alexander Hamilton

Nueva Jersey
Wil : Livingston
David Brearley
Wm . Paterson
Jona : Dayton

Pensilvania
B Franklin
Thomas Mifflin
Robt . Morris
Geo. Clymer
Thos. FitzSimons
Jared Ingersoll
James Wilson
Gouv Morris

III. La Declaración de Los Derechos:

Una Transcripción

El preámbulo de la Carta de Derechos
Congreso de los Estados Unidos comenzado y se
mantiene a la Ciudad de Nueva York, el Miércoles el
cuatro de marzo, un mil setecientos ochenta y
nueve.

Las convenciones de una serie de los Estados, que
tienen en el momento de su adopción de la
Constitución, expresaron el deseo, con el fin de
evitar la mala interpretación o el abuso de sus
facultades, que otras cláusulas declaratorias y
restrictivas deben añadirse: Y como la ampliación
de la planta de la confianza pública en el Gobierno,
garantizará mejor los fines benéficos de su
institución.
Resuelto por el Senado y la Cámara de
Representantes de los Estados Unidos de América,
reunidos en Congreso, las dos terceras partes de
ambas Cámaras concurrente, que los siguientes
artículos propuestos a las Legislaturas de los varios
Estados, como enmiendas a la Constitución de los
Estados Unidos, todos, o ninguno de los artículos
que, al ser ratificada por tres cuartas partes de

dichas Legislaturas, para ser válida a todos los efectos, como parte de dicha Constitución, a saber. ARTÍCULOS además de, y la Enmienda de la Constitución de los Estados Unidos de América, propuso por el Congreso y ratificados por las legislaturas de los distintos Estados, de conformidad con el artículo quinto de la Constitución original.

Nota: El texto que sigue es una transcripción de las diez primeras enmiendas a la Constitución en su forma original. Estas enmiendas fueron ratificadas 15 de diciembre 1791, y forman lo que se conoce como la "Carta de Derechos ".

—

Enmienda I

El Congreso no hará ninguna ley respecto al establecimiento de religión, o prohibiendo el ejercicio libre de la misma o que coarte la libertad de expresión o de la prensa, o el derecho del pueblo para reunirse pacíficamente y para pedir al gobierno la reparación de agravios.

—

Enmienda II

Una milicia bien regulada, siendo necesaria para la

seguridad de un Estado libre, el derecho del pueblo a poseer y portar armas, no será infringido.

—

Enmienda III

Ningún militar se en tiempo de paz será acuartelado en casa alguna sin el consentimiento del propietario; ni en tiempo de guerra, pero de una forma que prescriba la ley.

—

Enmienda IV

El derecho del pueblo a la seguridad en sus personas, domicilios, papeles y efectos contra registros e incautaciones irrazonables, no será violada, y ningunas autorizaciones publicarán, pero sobre la causa probable, apoyada por juramento o protesta y describan con particularidad el lugar para ser registrado y las personas o cosas que hay que aprovechar.

—

Enmienda V

Nadie podrá ser obligado a responder de un delito capital o infamante si no es en una denuncia o acusación por un gran jurado, excepto en los casos que surjan en las fuerzas terrestres o navales, o en la milicia nacional cuando se encuentre en servicio efectivo en tiempo de guerra o peligro público, ni ninguna persona estará sujeta por el mismo delito que se puso dos veces en peligro de perder la vida o la integridad física, ni será obligada en ninguna causa criminal a ser testigo contra sí mismo, ni ser privado de la vida, la libertad o propiedad sin el debido proceso de ley, ni se ocupará la propiedad privada para uso público sin una justa indemnización

.

—

Enmienda VI
En todas las causas criminales, el acusado gozará del derecho a un juicio rápido y público por un jurado imparcial del Estado y distrito en que se haya cometido el delito, distrito que deberá haber sido determinado previamente por la ley, y ser informado de la naturaleza y causa de la acusación y ser confrontado con los testigos de cargo; tener proceso obligatorio para obtener testigos a su favor, y tener la asistencia de un abogado para su defensa.

—

Enmienda VII

En Litigios bajo el derecho consuetudinario en que el valor que se discuta exceda de veinte dólares, se mantendrá el derecho a juicio por jurado, y ningún hecho juzgado por un jurado, será lo contrario volverá a estudiar en cualquier tribunal de los Estados Unidos, de acuerdo a las reglas de la ley común.

Enmienda VIII

No se exigirán fianzas excesivas, ni se impondrán multas excesivas, ni castigos crueles e inusitados.

Enmienda IX

La enumeración en la Constitución, de ciertos derechos, ha de entenderse que niega o menosprecia otros que retiene el pueblo.

Enmienda X

Los poderes no delegados a los Estados Unidos por la Constitución, ni prohibidos por ella a los estados, están reservados a los Estados respectivamente o al pueblo.

Las enmiendas 11 a 27, mas tarde

———

———

Nota: La capitalización y la puntuacion en esta versión es de la original matriculado de la Resolución Conjunta del Congreso que propone la Declaración de Derechos, la cual se encuentra en exhibición permanente en la Rotonda del Edificio de los Archivos Nacionales, Washington, DC

IV. Contactos

Ahora los Votantes pueden apreciar mejor por qué estamos llevando a cabo la sagrada responsabilidad de la Campaña Constitucional de Representante en el Congreso de los EE.UU. en Las Vegas el Distrito 1.

Únete a la campaña por Gobierno Constitucional, con más justicia, la vida, la libertad, la paz y la prosperidad para todos.

Obtener el bolsillo campaña aquí:

http://www.amazon.com/Project-Fresh-Start-Politics-Prosperity/dp/149213452X

Obtener el eBook campaña aquí:

http://www.amazon.com/Project-Fresh-Start-Politics-Prosperity-ebook/dp/B00ENPP7WE

Registrarse para votar Libertario en Las Vegas aquí:

http://nvsos.gov/index.aspx?page=703

Tweet la campaña aquí:

https://twitter.com/RichardCharlesI

E-mail aquí:

usnvrepcan@gmail.com

Apoya nuestro Sentido Común
Campaña Constitucional aquí,
$ 100 o menos por elección, sólo los votantes
registrados, gracias:

http://usnvrepcan.blogspot.com/

Siéntase libre para compartir esto con otros
significativos para leudar el camino para la
justicia, la libertad, la vida, la paz y la
prosperidad para todos

gracias

www.ingramcontent.com/pod-product-compliance
Lightning Source LLC
Chambersburg PA
CBHW020903310526
45786CB00018B/1651